BIJOUX ÉLECTRIQUES LUMINEUX

PAR

G. TROUVÉ

Seul inventeur breveté s. g. d. g. en France et à l'étranger

BIJOUX ÉLECTRIQUES DE G. TROUVÉ
Ingénieur-Constructeur, Chevalier de la Légion d'honneur
14, rue Vivienne, **Paris**

L'ÉLECTRICITÉ AU THÉATRE

BIJOUX ÉLECTRO-MOBILES

NOUVEAUX BIJOUX ÉLECTRIQUES LUMINEUX

PAR

G. TROUVÉ

INGÉNIEUR-CONSTRUCTEUR BREVETÉ

Chevalier de la Légion d'honneur

14, rue Vivienne, 14

Fabricant d'instruments de précision
Fournisseur des Facultés françaises et étrangères et des Hôpitaux de Paris
Lauréat de la Faculté de Médecine de Paris
Membre et Lauréat de l'Académie nationale, de l'Association
scientifique de France et de la Société d'encouragement
pour l'Industrie nationale
Prix Barbier de la Faculté de Médecine de Paris en 1875
Diplôme d'honneur de l'Académie nationale en 1879
8 Médailles d'or et 2 d'argent aux grandes Expositions de Paris
la Haye, Vienne

POUR TOUS LES APPAREILS DE G. TROUVÉ

EXIGER LA MARQUE DE FABRIQUE

εὕρηκα

Variété des bijoux électriques lumineux Trouvé :

Diadème-phare en joaillerie. — Épingles de cravate et broche tête de hibou. — Broche de corsage en joaillerie avec phare central et miroirs réflecteurs.

Cette broche de corsage constitue les décorations lumineuses dans le *Château de Tire-Larigot*, aux Nouveautés-Parisiennes. C'est par le même procédé que M. Trouvé fait apparaître sur le chapeau de Brasseur et de Berthelier, les cartes de chaque adversaire, pendant leur partie d'écarté.

Mondaine parée d'un phare et d'un bouquet de fleurs
électriques lumineuses.

La signora Zanfretta, première danseuse de l' « Éden-Théâtre »,
parée des bijoux électriques lumineux Trouvé.

La signora Zanfretta, première danseuse de l' « Éden-Théâtre »,
parée des bijoux électriques lumineux Trouvé.

Cinquante amazones parées des bijoux électriques lumineux Trouvé.
dans le ballet de « Chilpéric » à « Empire-Theater, à Londres.

Bruet et Rivière, en amour de candélabre, à « Eden-Concert ».

Lustre vivant des « Victoria-Theaters », de Berlin, par M. Trouvé, d'après
le dessin original de M. Cledat de la Vigerie. Les 60 foyers électriques à
incandescence alimentés par la pile Trouvé produisent, au milieu des
sujets vivants, un effet extraordinaire qui, de longtemps, ne sera
dépassé au théâtre.
C'est l'application la plus considérable de lumière électrique faite jusqu'à
ce jour directement par la pile.

On peut voir actuellement, à Paris, ces bijoux appliqués :
Châtelet (*Poule aux œufs d'or*).
Nouveautés-Parisiennes (*Château de Tire-Larigot*).
Grand Concert Parisien (Revue : *Venez me voir*).
La Scala (Revue : *Dans le mille*).
A Berlin : Victoria-Theaters. — A Boston : Niblos Garden Theater.
Pour les renseignements techniques, consulter la brochure : « L'Élec-
tricité au théâtre », prix 50 centimes.